BEI GRIN MACHT SICH ...
WISSEN BEZAHLT

- Wir veröffentlichen Ihre Hausarbeit,
  Bachelor- und Masterarbeit

- Ihr eigenes eBook und Buch -
  weltweit in allen wichtigen Shops

- Verdienen Sie an jedem Verkauf

Jetzt bei www.GRIN.com hochladen
und kostenlos publizieren

Christoph Treude

Anforderungen an Wissensmanagement

GRIN Verlag

Bibliografische Information der Deutschen Nationalbibliothek:

Die Deutsche Bibliothek verzeichnet diese Publikation in der Deutschen National-
bibliografie; detaillierte bibliografische Daten sind im Internet über http://dnb.d-
nb.de/ abrufbar.

Impressum:

Copyright © 2003 GRIN Verlag GmbH
Druck und Bindung: Books on Demand GmbH, Norderstedt Germany
ISBN: 978-3-638-75186-5

Dieses Buch bei GRIN:

http://www.grin.com/de/e-book/59313/anforderungen-an-wissensmanagement

GRIN - Your knowledge has value

Der GRIN Verlag publiziert seit 1998 wissenschaftliche Arbeiten von Studenten, Hochschullehrern und anderen Akademikern als eBook und gedrucktes Buch. Die Verlagswebsite www.grin.com ist die ideale Plattform zur Veröffentlichung von Hausarbeiten, Abschlussarbeiten, wissenschaftlichen Aufsätzen, Dissertationen und Fachbüchern.

Besuchen Sie uns im Internet:

http://www.grin.com/

http://www.facebook.com/grincom

http://www.twitter.com/grin_com

Universität-GH Siegen

Seminararbeit

zum Thema

Anforderungen an
Wissensmanagement

für das Proseminar "Elemente des E-Learning"

im Wintersemester 2002/03

Inhalt

"Nicht wissen wollen ist die erste intellektuelle Todsünde, nicht wissen lassen die zweite."

Otto Galo, deutscher Schriftsteller

1 Einleitung

Nach einer Studie der University of California in Berkeley beträgt die Menge der weltweit verfügbaren Informationen mittlerweile 12 Exabyte (entspricht 12 Milliarden Gigabyte) (nach [Ep+02], S.41). Zur Verarbeitung dieser Menge bietet die aktuelle IT-Situation viele unterschiedliche Möglichkeiten wie zum Beispiel eMail-Systeme, elektronische Newsletter, digitale Diskussionsforen oder virtuelle Chaträume. Mit der Menge der Informationen wächst gleichzeitig die Geschwindigkeit dieser Techniken, die Datenübertragung auch komplexer Informationen erfolgt in zunehmend kürzeren Zeiten und die qualitätsverlustfreie Vervielfältigung wird immer unproblematischer.

Für einen einzelnen Mitarbeiter in einem Unternehmen bedeutet dies, dass er zu jedem beliebigen Thema auf eine gewaltige Informationsmenge Zugriff hat. Um diese Informationsflut zu bewältigen, entwickelt jeder Mitarbeiter eine eigene Strategie mit dem Ziel, ein möglichst umfassendes Repertoire an Informationen und Wissen am Arbeitsplatz zur Verfügung zu haben. Dies führt zunächst zu vielen separaten Pools mit mehr oder weniger strukturiertem Wissen, von denen jedoch keines vollständig sein kann.

Die Ressource Wissen wird durch die Entwicklung zur Dienstleistungsgesellschaft immer wichtiger. So kommt es oftmals nicht mehr nur darauf an, am Fließband eine bestimmte Handlung fortwährend zu wiederholen, dies wird mehr und mehr von Rechnern beziehungsweise Robotern übernommen. Vielmehr geht es darum, durch den Einsatz von Wissen täglich neue Situationen zu beurteilen und Probleme zu lösen. Wissen wird deshalb oft als der "Produktionsfaktor Nr.1" bezeichnet.

Um konkurrenzfähig zu bleiben, genügt es für ein Unternehmen nun nicht, dass jeder Mitarbeiter auf seinen eigenen Wissenspool zurückgreift und gegebenenfalls durch Zufall Wissen mit seinen Kollegen austauscht, vielmehr muss jedem Mitarbeiter möglichst problembezogenes Wissen möglichst effizient zugänglich gemacht werden. Dies ist die Aufgabe von Wissensmanagement, das zu einem wichtigen Wettbewerbsfaktor geworden ist, der zu Vorteilen gegenüber Konkurrenten durch Wissensvorsprung sowie bessere Zugänglichkeit und Verfügbarkeit von Wissen führen kann. (vgl. [Tr+99])

Die vorliegende Arbeit hat Anforderungen an Wissensmanagement zum Thema. Zunächst werden in Kapitel 2 Definitionen von Wissensmanagement vorgestellt, daraufhin werden in Kapitel 3 die Anforderungen anhand von Teilbereichen beleuchtet, bevor es in Kapitel 4 um Anforderungen an die Systeme geht, die zum Unterstützen des Wissensmanagements dienen. Abschließend wird die Umsetzung eines solchen Systems an einem Beispiel betrachtet (Kapitel 5) und ein Fazit gezogen (Kapitel 6).

2 Definition Wissensmanagement

Von dem Begriff Wissensmanagement gibt es viele unterschiedliche Definitionen, die jeweils unterschiedliche Teilbereiche abdecken, es lässt sich jedoch keine Definition finden, die allen Facetten gerecht wird. Im folgenden werden nun zwei mögliche Definitionen vorgestellt, die jedoch beide keinen Anspruch auf Allgemeingültigkeit erheben:

- Definition der TU München:

"Wissensmanagement

- ist die Disziplin des systematischen Erfassens, Nutzens und Bewahrens von Expertise und Informationen, um die Effizienz, Kompetenz, Innovation und Reaktionsfähigkeit der Organisation zu verbessern.

- umfasst alle Methoden, Werkzeuge und kritischen Aspekte einer Organisation, die zu seiner Anpassung, Kompetenzbewahrung und -erweiterung notwendig sind, um auf Änderungen des Marktes, die nicht notwendigerweise kontinuierlich und zentralisiert auftreten, effektiv und effizient reagieren zu können.

- handhabt insbesondere die Informationen zu Geschäftsprozessen sowie die kreativen und innovativen Fähigkeiten der Mitarbeiter." [TUM01]

- Definition durch Norbert Wilkens (vgl. [Wi97]):

"Wissensmanagement ist ein ganzheitliches, integratives Konzept, das psychologische, organisatorische und informationstechnologische Faktoren beinhaltet, um die effektive Erschließung und den Transfer von Wissen zu gewährleisten."

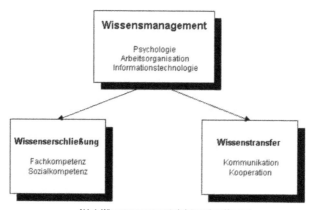

Abb.1: Wissensmanagement als integratives Konzept

Nach dieser letzten Definition lässt sich Wissensmanagement in Wissenserschließung und Wissenstransfer aufteilen (vgl. Abb.1). Für die Erschließung von Wissen sind sowohl fachliche als auch soziale Kompetenz gefragt, da hier Informationen verarbeitet und verstanden werden müssen. Dies erfordert zum einen Fachwissen, zum anderen emotionale Intelligenz in Form von Erfahrungen, Wahrnehmungen und Einstellungen. Für den Wissenstransfer ist Teamarbeit notwendig, um Kommunikation und Kooperation zu ermöglichen.

Da die Begriffe Information und Wissen im folgenden vielfach verwendet werden, auch hierzu eine Einordnung: Unter Informationen versteht man Daten, die durch ihren Kontext interpretierbar sind. Wissen entsteht aus Informationen durch deren Vernetzung und durch Verstehen. (vgl. [Pr+99], S.36f.)

3 Anforderungen an Wissensmanagement

Gilbert Probst et. al. (vgl. [Pr+99], S.51ff.) gehen mit der Aufteilung von Wissensmanagement in Teilbereiche noch einen Schritt weiter als Norbert Wilkens und definieren 8 Teilbereiche, die untereinander eng vernetzt sind: Wissensidentifikation, Wissenserwerb, Wissensentwicklung, Wissens(ver)teilung, Wissensbewahrung, Wissensnutzung, Wissensbewertung und die Definition von Wissenszielen. (vgl. Abb.2)

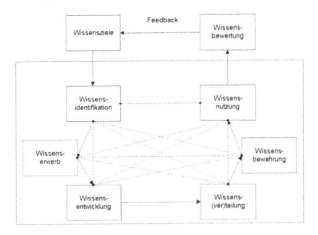

Abb.2: Bausteine des Wissensmanagements

Die Teilbereiche werden auch als Bausteine bezeichnet. Auf die einzelnen Bausteine wird im folgenden detaillierter eingegangen, es wird jedoch bereits aus Abb.2 deutlich, dass die Bausteine zusammengehören und zusammenwirken, die Vernachlässigung von einem einzelnen schwächt das gesamte System.

3.1 Wissensidentifikation

Die Wissensidentifikation oder auch die Wissenstransparenz beinhaltet die Schaffung von Transparenz über internes und externes Wissen. Dabei geht es vor allem um die Analyse und Beschreibung dieses Wissens. Transparenz kann hier unter anderem durch Dezentralisierung, Globalisierung, Restrukturierung oder Fluktuation verloren gehen (vgl. [Mi01]).

Durch mangelhafte Identifikation kann es zu Ineffizienz dahin gehend kommen, dass Wissen in einem Unternehmen neu produziert wird, obwohl es in einer anderen Abteilung oder auch außerhalb des Unternehmens bereits in nutzbarer Form vorliegt.

Bei der internen Wissensidentifikation geht es nun zunächst darum, eine Transparenz über das bereits im Unternehmen befindliche Wissen zu erhalten. Da es aufgrund der zu großen Menge meist nicht möglich ist, das gesamte Wissen in einem Unternehmen transparent zu halten, wird oft von der Möglichkeit Gebrauch gemacht, statt der Identifikation von Wissen die Wissensträger zu identifizieren. Konkret heisst das, dass jedem Mitarbeiter ein erweitertes Personalverzeichnis zugänglich gemacht wird, aus dem er entnehmen kann, wer unternehmensintern als Experte auf dem Gebiet qualifiziert ist, über das er im Moment Informationen sucht. Diese Verzeichnisse, in denen neben den Personaldaten die zugehörigen Wissensgebiete und ein geschätzter Expertengrad aufgeführt sind, werden auch als Gelbe Seiten bezeichnet.

Eine weitere Möglichkeit, das vorhandene Wissen zu identifizieren und transparent zu gestalten, sind Topic Maps. Dies sind Strukturen, mit denen der effiziente Zugang zu großen unstrukturierten Informationsmengen ermöglicht wird. Sie bestehen zum einen aus Themen (Topics), die in der Karte als Knoten eingetragen werden, und den zugeordneten Dokumenten, zum anderen aus Verweisen, die die Kanten im Informationsnetz bilden und den Zusammenhang der verbundenen Themen verdeutlichen. Somit kann der Suchende sich durch ein Netz von Themen bewegen und seine Suche zunehmend genauer eingrenzen. (vgl. [USU02])

Neben dem im Unternehmen befindlichen Wissen muss außerdem festgestellt werden, welches Wissen außerhalb des Unternehmens bereits existiert. Externe Wissensträger können Professoren, Berater, aber auch Kunden sein, weitere Wissensquellen sind Unternehmensverbände, Archive, externe Datenbanken, Fachzeitschriften und natürlich das Internet. Das Problem der Wissensflut stellt sich hier noch deutlicher als bei der internen Wissensidentifikation. Daher werden von größeren Unternehmen oft externe Personen genutzt, um einen Überblick über das vorhandene Wissen zu bekommen. Dies können zum Beispiel Wissenschaftler oder Journalisten sein, die sich in ihrer Funktion mit dem relevanten Wissen beschäftigen und so wichtige Informationen über Neuerungen in dem jeweiligen Wissensbereich geben können. Eine weitere Möglichkeit sind intensive Kontakte des Unternehmens zu universitären Lehrstühlen. (vgl. [Pr+99], S.131ff.)

Zu der Wissensidentifikation gehört auch die Identifikation von Wissenslücken und Fähigkeitsdefiziten. Gemäß der Vernetzung der Bausteine des Wissensmanagements werden dann die nächsten beiden Teilbereiche Wissenserwerb und Wissensentwicklung zur Schließung dieser Lücken herangezogen.

3.2 Wissenserwerb

Beim Wissenserwerb geht es um den Import von Wissen aus externen Quellen, das innerhalb des Unternehmens benötigt wird. Es werden im allgemeinen vier Arten von Wissenserwerb unterschieden (vgl. [Pr+99], S.150):

- Einkauf externer Experten

- Erwerb von Wissen anderer Firmen

- Erwerb von Stakeholderwissen

- Einkauf von Wissensprodukten

Bei dem Einkauf externer Experten handelt es sich um die dauerhafte Rekrutierung von Wissensträgern. Wissen von anderen Firmen kann durch Kooperation mit diesen importiert werden, dies kann ein einfacher Kauf einer Information sein, es lässt sich jedoch auch durch Joint Ventures, Beteiligungen oder Fusionen erreichen, welche Methode gewählt wird, hängt von der Wichtigkeit und Größe des Wissens ab. Bei Stakeholderwissen handelt es sich um Wissen, das Personen aus dem Umfeld des Unternehmens besitzen, die besondere Interessen oder Ansprüche an die Arbeit im Unternehmen richten. Stakeholder können zum Beispiel Kunden oder Lieferanten sein. Der Einkauf von Wissensprodukten kann unter anderem aus dem Kauf von Lehrmaterial zu dem gesuchten Thema bestehen.

Gegen Wissenserwerb gibt es in vielen Unternehmen Barrieren von Seiten der Mitarbeiter. Das "Not-invented-here"-Syndrom beschreibt beispielsweise die Abneigung gegen externes Wissen aufgrund der Tatsache, dass nur Entwicklungen vertraut wird, die im eigenen Unternehmen erfolgt sind. Diese Einstellung ist jedoch in der Regel ineffizient, da es oft für ein Unternehmen billiger ist, sich das Wissen irgendwo zu kaufen als es selbst zu entwickeln. Ein weiteres Problem können Unterschiede in der Aufbereitung des Wissens sein. So sollte das eigene Wissen bereits exakt auf das unternehmensinterne Informationssystem angepasst sein, während externes Wissen eventuell nicht kompatibel ist. Auch dieses Problem sollte sich überwinden lassen, wenn man sich vor Augen führt, dass die Nutzung externen Wissens durchaus die Effizienz steigern kann.

Außerdem tritt, wie schon bei der Wissensidentifizierung (vgl. Kapitel 3.1), auch beim Wissenserwerb das Problem des Informationsüberangebots auf.

3.3 Wissensentwicklung

Die Wissensentwicklung ist der zum Wissenserwerb komplementäre Baustein, im Mittelpunkt stehen die bewusste Produktion neuer und besserer Fähigkeiten, Produkte, Ideen sowie leistungsfähiger Prozesse im eigenen Unternehmen. Wissensentwicklung macht nur dann Sinn, wenn sie günstiger als Wissenserwerb auf dem selben Gebiet ist. Sie lässt sich einteilen in individuell und kollektiv, abhängig von der Zahl der Beteiligten am Entwicklungsprozess. Entscheidend für eine kollektive Wissensentwicklung sind Kommunikation, Transparenz und Integration. (vgl. [Mi01])

Bei der bewussten Produktion von Fähigkeiten geht es nicht um eine möglichst große Quantität an Wissen, vielmehr steht die Qualität im Vordergrund. Es wäre nicht hilfreich, grundsätzlich jedes neu produzierte Wissen im Unternehmen zu belohnen, es muss qualitativ die hineingesteckte Arbeitszeit rechtfertigen.

Neben der Qualität des entwickelten Wissens sind auch Seriösität und Aktualität des Wissens von Bedeutung. Diese Prädikate können oft nur durch subjektive Entscheidungen einer Neuentwicklung verliehen werden. Damit diese Entscheidungen nun nicht von jedem Mitarbeiter anders gehandhabt werden, ist es ratsam, für dieses wichtige Aufgabengebiet eine Betreuungsperson abzustellen, den Knowledge Manager. Neben der Prüfung auf Qualität, Aktualität und Seriösität legt ein Knowledge Manager die Richtlinien fachlicher, struktureller und formaler Art für die neuen Beiträge zum Unternehmenswissen fest, die er zusätzlich ordnet und katalogisiert. Auch die nach einer entdeckten Wissenslücke fällige Entscheidung zwischen Wissensentwicklung und Wissenserwerb gehört zu seinem Aufgabenbereich. Aufgrund der Wichtigkeit des Produktionsfaktors Wissen sollte der Knowledge Manager eng mit der Unternehmensführung zusammenarbeiten; eine enge Beziehung dort steigert auch die Akzeptanz des Knowledge Managers und damit die Akzeptanz von Wissensmanagement im gesamten Unternehmen. (vgl. [Tr+99])

Die Aufgaben des Knowledge Managers lassen sich also nicht ausschließlich diesem Baustein zuordnen, seine Tätigkeit betrifft mehr oder weniger intensiv alle Teilbereiche.

Da sich Wissensentwicklung nicht erzwingen lässt, sondern es sich um einen Prozess handelt, in dem Kreativität und emotionale Intelligenz gefragt sind, kann man die Entwicklung von Wissen nicht befehlen, man kann sie jedoch fördern. Faktoren zur Förderung der individuellen Wissensentwicklung sind die Schaffung von Freiräumen für neue Ideen, eine Handlungsentlastung vom Unternehmensalltag während der Entwicklung, Interessendeckung sowie eine insgesamt fehlerfreundliche Kultur. Es muss also zum einen Zeit zum Entwickeln neuen Wissens vorhanden sein, zum anderen dürfen Fehler, die während eines Entwicklungsprozesses auftreten, nicht überbewertet werden und dazu führen, dass die gesamte Idee in Frage gestellt wird. Faktoren zur Förderung der kollektiven Wissensentwicklung sind das Einrichten von Erfahrungsgruppen oder Lernarenen und die Förderung von Weiterbildung. (vgl. [UZ01])

3.4 Wissens(ver)teilung

Wissens(ver)teilung ist die zwingende Voraussetzung, um isoliert vorhandenes Wissen der gesamten Organisation zur Verfügung zu stellen. Dabei kann es entweder eine zentral gesteuerte Verteilung oder das dezentralisierte Verteilen unter den Mitarbeitern geben. Vorwiegend geht es um die Wissensmultiplikation, die Teilung von gemachten Erfahrungen und simultanen Wissensaustausch. (vgl. [Mi01])

Die größte Barriere gegen die Wissens(ver)teilung, die im Wissensmanagement allgemein ein großes Problem darstellt, das sich auch mit Hilfe bester Soft- und Hardware nicht beheben lässt, ist die Tatsache, dass Mitarbeiter oft ihr Wissen nicht teilen wollen. Wichtigster Grund für diese psychologische Barriere ist der unternehmensinterne Konkurrenzkampf, der einem Teamdenken entgegensteht. Mitarbeiter behalten ihr Wissen lieber für sich, als das gesamte Unternehmen davon profitieren zu lassen.

Um dem von Unternehmensseite entgegenzuwirken, gibt es wie bei der Wissensentwicklung keine direkte Lösung, es lassen sich jedoch ebenfalls förderliche Rahmenbedingungen schaffen. Dazu gehören die Erstellung und Unterstützung von Wissensnetzwerken und Lernarenen, ein gezielter Einsatz von Job-Rotation, der das Teilen von Wissen beinahe erzwingt, häufige Treffen oder zumindest physische Nähe der Mitarbeiter zueinander, eine vertrauensvolle Unternehmenskultur und das Einrichten von informellen Plätzen, an denen Mitarbeiter ohne Zwang Wissen austauschen können. Außerdem sollte auch in der Führungsebene kein unternehmensinterner Konkurrenzkampf stattfinden, sondern die Wissens(ver)teilung vorgelebt werden. (vgl. [UZ01])

Weitere Hindernisse ergeben sich durch hierarchische sowie funktionale Barrieren. Im Normalfall sind beide mehr oder weniger intensiv vorhanden, was dazu führt, dass das Wissen des einzelnen isoliert bleibt, da es sich durch die hierarchischen Barrieren nicht zwischen den verschiedenen Hierarchieebenen im Unternehmen bewegt, aufgrund der funktionalen Barrieren wird es aber noch nicht einmal auf der eigenen Ebene transferiert. Auch diese Hindernisse lassen sich nur durch eine teilungsfreundliche Unternehmenskultur beseitigen.

Um Wissens(ver)teilung zu ermöglichen, müssen die Mitarbeiter erreichbar sein. Man unterscheidet hier drei Arten (vgl. [Tr+99]): mentale, physikalische und auf Akzeptanz beruhende Erreichbarkeit. Mentale Erreichbarkeit sichert man durch eine auf die Zielgruppe bezogene Aufarbeitung der Informationen, die dadurch leichter zu Wissen zu verarbeiten sind. Physikalische Erreichbarkeit erwirkt man zum Beispiel dadurch, dass jedem Mitarbeiter ein PC mit dem entsprechenden Zugang zur Wissensbasis des Unternehmens, in der Regel zum Intranet, zur Verfügung steht. Auf Akzeptanz beruhende Erreichbarkeit spricht wieder das psychologische Problem an, dass ein Mitarbeiter sein Wissen nicht weitergeben möchte, da er befürchtet, dadurch ersetzbar zu sein.

Einerseits sollte für jeden Mitarbeiter soviel Wissen wie möglich zugänglich sein, auch wenn dabei natürlich das für das interne Wissensmanagement produzierte oder erworbene und aufbereitete Wissen im Vordergrund stehen sollte. Experten auf dem Gebiet des Wissensmanagements sind jedoch überdies für einen uneingeschränkten Internetzugang am Arbeitsplatz. Andererseits muss bei der Wissens(ver)teilung beachtet werden, dass nicht alles Wissen jedem zugänglich sein darf. Unternehmensinterne Details wie Umsatzzahlen oder Übernahmepläne sind genau so wenig für alle Mitarbeiter bestimmt, wie das dem Datenschutz unterliegende Wissen über Personen. Die Lösung ist ein ausgewogenes Berechtigungskonzept, das zunächst möglichst offen ist und den Mitarbeitern ein Maximum an Rechten zugesteht. Das Berechtigungskonzept sollte aber eine Möglichkeit zur flexiblen Einschränkung des Zugriffs auf bestimmte Informationen bieten. Die Akzeptanz des gesamten Wissensmanagements kann gefördert werden, in dem man den Nutzern ermöglicht, selbst Berechtigungen für die von ihnen zur Verfügung gestellten Informationen zu vergeben. (vgl. [pa02])

Bei der Schaffung von Wissensnetzwerken gibt es grundsätzlich zwei verschiedene Ansätze (vgl. [Pr+99], S.239): die Push- und die Pull-Philosophie. Im Zuge der Push-Philosophie wird zentral entschieden, welches Wissen in welchem Umfang zu welchem Empfänger verteilt werden soll. Die Pull-Philosophie stellt hingegen die Bedürfnisse der Mitarbeiter in den Vordergrund. Jeder Mitarbeiter soll das Wissen, das er braucht, anfordern, Information wird damit zur "Holschuld". Beide Ansätze haben Vorteile und Nachteile. Beim zentralen Verteilen von Wissen kann der

Verteiler nie für alle Mitarbeiter exakt wissen, welche Informationen sie gerade benötigen, im Rahmen der Pull-Philosophie nutzen viele Mitarbeiter das Wissensmanagement nicht hinreichend.

Die Wichtigkeit der Wissens(ver)teilung unterstreicht die Tatsache, dass immer mehr Mitarbeiter heutzutage in Teams arbeiten. Während früher ein Mitarbeiter gemäß seiner Fähigkeit beurteilt wurde, anhand von Wissen Probleme zu lösen, beurteilt man heute den Beitrag, den er in einem Team erbringt.

3.5 Wissensnutzung

Nach der Entwicklung oder dem Erwerb und der (Ver)teilung von Wissen befasst sich Wissensnutzung mit dem produktiven Einsatz von dem vorhandenen Wissen. Zentral hier ist die Nutzungsorientierung des Wissens, es muss Wissen entwickelt beziehungsweise erworben werden, das anschließend nicht von den Mitarbeitern aufgrund von mangelhafter Darstellung ignoriert wird. (vgl. [Mi01])

Konkrete Barrieren gegen eine effektive Wissensnutzung können auch wieder psychologischer Art sein. So ist ein Mitarbeiter zwar vielleicht bereit, sein Wissen an andere zu (ver)teilen, er überschätzt jedoch seine eigenen Fähigkeiten derart, dass er das vorliegende Wissen von anderen nicht nutzt, aus Angst, seinen eigenen Expertenstatus zu verlieren. Andererseits ist das Nutzen von Wissen anderer auch ein Eingestehen des eigenen Nichtwissens. Das kann in Unternehmen mit internem Konkurrenzdenken soweit gehen, dass ganze Abteilungen bei anderen nicht nach Wissen fragen, weil damit ihr Vorgesetzter Wissenslücken eingestehen würde. Da die Nutzung von neuem Wissen meist neue Vorgehensweisen verlangt, stellt sich weiterhin das Problem ein, dass Wissen nicht genutzt wird, weil es den Arbeitsalltag und seine Routinen in Gefahr bringen würde. (vgl. [Pr+99], S.275f.)

Diese Barrieren lassen sich allesamt nur durch eine innovations- und teilungsfreundliche Unternehmenskultur beseitigen. Wenn die mangelnde Nutzung des vorhandenen Wissens jedoch an der ungenügenden Aufbereitung liegt, so sind auch andere förderliche Rahmenbedingungen zu nennen. Nachdem das Wissen effizient gesammelt wurde, muss es strukturiert und klar dargelegt werden, um zur Weiterverarbeitung brauchbar zu sein. Das gesamte Wissensmanagement muss zur Unterstützung einer regelmäßigen Nutzung einfach gehalten werden und zeitgerecht sein. Außerdem sollte es sich durch Anschlussfähigkeit auszeichnen und keine Nutzungsmöglichkeiten unnötigerweise ausschließen. (vgl. [UZ01])

Ein weiterer unterstützender Faktor ist eine optimale Infrastruktur des Systems, so dass es nicht zu unnötig langen Wartezeiten bei der Wissenssuche kommt. Hauptsächlich unmittelbar nach der Einführung in einem Unternehmen kann eine gute Performance die Akzeptanz von Wissensmanagement schnell steigern. Ebenfalls wichtig ist eine ansprechende Benutzeroberfläche, die auch den Einstieg in das System erleichtert. Es sollte jedoch berücksichtigt werden, dass nicht das Design, sondern die Funktionalität die höchste Priorität behält. (vgl. [pa02])

3.6 Wissensbewahrung

Wissensmanagement hat auch die Aufgabe, das vorhandene Wissen und die Fähigkeiten zu speichern. Dabei geht es nicht nur um die Speicherung von Dateien, die heute selbst bei großen Mengen kein Problem mehr darstellt, sondern ebenso um eine dauerhafte Bindung von Experten an das Unternehmen. Wissensbewahrung lässt sich in die Kernprozesse Selektieren, Speichern und Aktualisieren aufteilen. (vgl. [Mi01])

Zum Selektieren gehört neben dem Auswählen von sicherungswürdigen Informationen auch das bewusste Aufnehmen von Wissen, das im Unternehmen implizit entsteht. So sollten die zentralen Erfolge und Misserfolge eines Unternehmens dokumentiert und gespeichert werden, nicht nur die Wissensgrundlagen, auf denen sie aufbauen. Sitzungsprotokolle, Projektberichte und Präsentationen des Unternehmens gehören ebenfalls zu den Informationen, die gesichert werden sollten. Auch die Identifikation von Schlüsselmitarbeitern, die zentrale Wissensträger im Unternehmen sind, kann zur Wissensbewahrung gezählt werden; es liegt hier eine Überschneidung mit dem Baustein Wissensidentifikation vor. Allgemein sollte darauf geachtet werden, dass es im Unternehmen keinen regelmäßigen Arbeitsvorgang gibt, der nicht dokumentiert und entsprechend im Wissensmanagement verankert ist.

Das Speichern von Wissen beinhaltet das Binden von Wissensträgern an das Unternehmen durch Anreizsysteme und Austrittsbarrieren. Wenn Mitarbeiter aus dem Unternehmen ausscheiden, so ist dafür zu sorgen, dass ihre Fähigkeiten systematisch an andere Mitarbeiter übergeben werden. Ferner lassen sich die Speicherungsformen in individuell, kollektiv und elektronisch unterteilen. Das Halten von Wissensträgern zählt zu der individuellen Speicherung, das systematische Verteilen von Informationen zum Erhalt im Unternehmen zur kollektiven Speicherung und das Sichern von Informationen auf Speichermedien zur elektronischen Speicherung.

Die Aktualität von Wissen muss in der Wissensbewahrung gesichert werden, da sonst die Gefahr besteht, dass Entscheidungen auf der Grundlage veralteter Informationen gefällt werden. Veraltetes Wissen muss bewusst vergessen und aus der Wissensbasis des Unternehmens entfernt werden. (vgl. [UZ01])

3.7 Wissensbewertung

Um einen Überblick über die Einhaltung von wissensbezogenen Unternehmenszielen zu erhalten, muss Wissen bewertet werden. Zur Messung von Wissen existiert kein allgemeingültiges Verfahren, es müssen andere Methoden herangezogen werden. (vgl. [Mi01])

Die Wissensbewertung lässt sich unterteilen in die Phasen Sichtbarmachen und Interpretieren von Veränderungen. Das Sichtbarmachen abstrahiert dabei weitgehend von den gesetzten Wissenszielen, das Interpretieren bezieht sich jedoch ausschließlich auf diese Ziele, ein Interpretieren in Bezug auf den monetären Wert des Wissens wird hier nicht betrachtet.

Das größte Problem bei der Bewertung von Wissen ist offensichtlich die Wahl einer Bewertungsmethode. Wegen der Unmöglichkeit der direkten Quantifizierung taucht Wissen auch trotz seiner Wichtigkeit im Unternehmen in keiner Bilanz auf. Eine andere Schwierigkeit stellt die Auswahl und Gewichtung des Wissens dar, das bewertet werden soll, es werden meist solche Wissensbereiche bevorzugt, die sich einfach messen lassen. Da die Abgrenzung von zu bewertendem Wissen sehr unklar ist, wird teilweise auch Wissen gemessen, dessen Interpretation keinen Sinn macht oder gar unmöglich ist.

Methoden zur Bewertung sind zum Beispiel Kulturanalysen, Glaubwürdigkeitsanalysen, Controlling der bedeutendsten Wissensprojekte oder die Messung von Systemnutzung (vgl. [Pr+99], S. 342).

3.8 Definition von Wissenszielen

Bevor Wissensmanagement überhaupt praktiziert wird, muss festgelegt sein, welche Ziele bezüglich des Wissens das Unternehmen verfolgen soll. Diese Ziele sind die Grundlage für Kontrolle und Umsetzung des Managementkonzepts. Sie beziehen sich auf die allgemeinen Ziele des Unternehmens und müssen unbedingt mit diesen in Einklang stehen, geben Lernprozessen eine Richtung und machen die Anstrengungen im Wissensmanagement überprüfbar (vgl. Kapitel 3.7). (vgl. [Mi01])

Zentrales Wissensziel im Unternehmen sollte die Schaffung von Voraussetzungen für eine lernende Organisation sein, die bereits in vorstehenden Kapiteln angesprochen wurden.

Konkreter lassen sich Wissensziele in normativ, strategisch und operativ aufteilen (vgl. [Pr+99], S.342):

- normativ:
Dazu zählen das Schaffen der notwendigen Voraussetzungen und das Zielen auf eine Unternehmenskultur, die sich ihres Wissens und dessen Wichtigkeit bewusst ist. Normative Wissensziele können nur im gesamten Unternehmen, also unter Einbeziehung der Führungsebene, vereinbart werden.

- strategisch:
Die inhaltliche Bestimmung des angestrebten Wissens sowie das Definieren von Kompetenzportfolios und des Kompetenzaufbaus gehören zu den strategischen Wissenszielen.

- operativ:
Diese Ziele beziehen sich auf die Übertragung der normativen und strategischen Wissensziele auf die konkrete Unternehmenssituation.

Entscheidend ist, dass nach einer ganzheitlichen Lösung im Wissensmanagement gestrebt wird und nicht für jede Abteilung eine eigene isolierte Zieldefinition vorliegt, die denen anderer Abteilungen widerspricht.

4 Anforderungen an die Wissensmanagement-Systeme / IT-Plattformen

Wissensmanagement-Systeme sind nur ein Teil des gesamten Wissensmanagements, nämlich die konkrete Soft- und Hardware, die die Akteure bei ihrer Arbeit unterstützen soll. Auch an diese Systeme gibt es etliche Anforderungen, die im folgenden betrachtet werden.

Vor allem durch die Geschwindigkeit der Weiterentwicklung der Technik, deren Richtung kaum voraussagbar ist, ergeben sich Anforderungen bezüglich der Flexibilität, der Zukunftsfähigkeit und der Erweiterungsfähigkeit an Wissensmanagement-Systeme. Sie müssen eine hohe Anpassungsfähigkeit an technische Innovationen, individuelle Unternehmensbedürfnisse und Änderungen der Nutzerzahlen mitbringen. Anpassungsfähig wird ein komplexes Software-Produkt in erster Linie dadurch, dass es modular aufgebaut ist. Dazu gehört auch eine mögliche Multitier-Lösung, also die Verteilung mehrerer Applikationen auf unterschiedliche Server zur Steigerung der Leistungsfähigkeit. Ebenfalls sollte eine Portierung auf andere Server bereits beim Implementieren vorgesehen und ermöglicht werden, dies gilt insbesondere für Datenbanken, die im Zuge des Dokumentmanagement eine wichtige Rolle in Wissensmanagement-Systemen spielen. Wenn eine Lösung mit Unterstützung der Intranet-Technologie angestrebt wird, sollte die Ausweitung auf das Internet als Erweiterung zur Verfügung stehen. Dies verlangt auch die Möglichkeit von Zugriffsbeschränkungen, auf die eventuell im Intranet verzichtet werden kann. (vgl. [Tr+99])

Ebenso sind nichtfunktionale Eigenschaften zu beachten: Die Kommunikation innerhalb des Systems sollte ohne Medienbrüche erfolgen, die Benutzeroberfläche sollte also für unterschiedliche Anwendungen einen einheitlichen Stil vorweisen. Wie bei jedem Soft- und Hardwareprodukt wird auch bei Wissensmanagement-Systemen eine sichere, störungsfreie und stabile Datenübertragung verlangt, die Voraussetzung für eine regelmäßige und erfolgversprechende Nutzung ist. Mit Hilfe standardisierter und prozessunabhängiger Schnittstellen wird eine flexible Einbindung von allen Nutzergruppen ermöglicht. (vgl. [IM02])

Die zahlreichen und unterschiedlichen Informationsinseln in einem Unternehmen führen ohne Wissensmanagement zu vielen unterschiedlichen Zugängen zu benötigtem Wissen. Eine Anforderung stellt deshalb der einheitliche Zugang zu allen Informationsquellen und somit die Integration von unterschiedlichen Informationsquellen unter einer Oberfläche dar. Eine mögliche Lösung ist ein webbasiertes Portal. Außerdem muss mit der Integration von unterschiedlichen Informationsquellen auch eine übergreifende Informationssuche gewährleistet werden. Dabei kann weitgehend die Technik und der Aufbau von Internet-Suchmaschinen übernommen werden, die genau dieses Problem lösen. Suchanfragen lassen sich außerdem erleichtern, indem Metadaten von Dokumenten mitgespeichert werden, also zum Beispiel der Name des Autors, das Datum der letzten Aktualisierung sowie eine Angabe, warum diese Information der Wissensbasis hinzugefügt wurde. Unterstützt werden muss auf jeden Fall die Verlinkung von Dokumenten untereinander. Dabei sollte auch die Möglichkeit in Betracht gezogen werden, eine automatische Verlinkung anhand von Begriffen und Syntaxmustern zu implementieren, da sonst die Gefahr besteht, dass notwendige und eigentlich selbstverständliche Links nicht gesetzt werden. (vgl. [HS02])

Wesentlich für den Erfolg und die Akzeptanz von Wissensmanagement trägt die Tatsache bei, dass die Anwender selbst und ohne großen Aufwand das System beeinflussen können. Dazu zählen zum Beispiel die Kommunikation untereinander über das System und das problemlose Einfügen von eigenem Wissen. Unterstützt werden sollten auch die im Unternehmen anfallenden Lernprozesse, die sich zum Beispiel durch Neueinstellungen ergeben. Die Kontaktaufnahmen in sogenannten Lehrer-Schüler-Beziehungen zählen hier genauso zu wie die zur Verfügungs-Stellung von Computer- oder Web-Based Training. Da Wissensmanagement und eLearning im allgemeinen nicht streng trennbar sind, ist es sinnvoll, beides im Unternehmen durch das selbe System zu regeln.

Ebenfalls zu einer Reduzierung von Akzeptanzproblemen der Mitarbeiter oder auch der Unternehmensführung trägt die Weiterverwendung von bereits vorhandener Soft- und Hardware bei. So kann in der Regel ein vorhandenes Intranet für Wissensmanagement-Systeme genutzt werden oder ein Dokumentenmanagement-System ausgebaut werden.

5 Umsetzung in der Praxis am Beispiel des USU KnowledgeMiner

Die Standardsoftware USU KnowledgeMiner ist ein modular aufgebautes Software-Produkt zur Themenstrukturierung und Vereinheitlichung des Informationszuganges in heterogenen IT-Umgebungen.

Im folgenden werden Funktionen, die Anforderungen an Wissensmanagement realisieren, der Version 3.0 des USU KnowledgeMiner vorgestellt (vgl. [USU02]):

Die Informationssuche, auch in heterogenen Dokumenten, wird durch Highlighting unterstützt, die gefundenen Suchbegriffe werden in HTML-Dokumenten markiert angezeigt, somit findet der Anwender schnell die relevanten Stellen in einem Dokument. Komplexe Suchanfragen werden grafisch unterstützt: Dazu wird zum einen die Themenstruktur des vorhandenen Wissens dargestellt, zum anderen ist es möglich, per Drag & Drop Suchanfragen zusammenzustellen. Bei Schreibfehlern werden durch einen einstellbaren Fuzzy-Filter Korrekturvorschläge gemacht. Durch die Nutzung der bereits in Kapitel 3.1 vorgestellten Topic Maps ist eine semantische Suche im heterogenen Datenquellenumfeld möglich. Auch die automatische Erstellung von Themenauflistungen zu jedem Dokument erleichtert und beschleunigt die Suche. Topic Maps sind ferner für die Katalogisierung des vorhandenen Wissens wichtig, dieses lässt sich somit in Kategorien unterteilen. Durch die sogenannte Push-Funktion werden die Anwender über aktuelle Änderungen automatisch informiert, und zwar nur in solchen Kategorien, die ihren Interessen entsprechen, dies realisiert eine Automatisierung der in Kapitel 3.4 vorgestellten Push-Philosophie.

Im USU KnowledgeMiner erfolgt eine strikte Trennung zwischen den vorhandenen Informationen und ihrer Darstellung, also der grafischen Benutzeroberfläche. Damit ist die grafische Darstellung an die vertraute und bereits akzeptierte Oberfläche im Unternehmen anpassbar. Ein spezielles integriertes Modul ist für die Verwaltung von Zugriffsberechtigungen zuständig, sensible Themen bleiben somit vor unerwünschten Zugriffen geschützt.

Anhand von fünf ausgewählten Bausteinen wird nun untersucht, inwieweit der USU KnowledgeMiner den Anforderungen an Wissensmanagement entspricht (vgl. [Ep+02], S.50ff.):

- Wissensentwicklung:

Da die Wissensentwicklung hauptsächlich eine individuelle Tätigkeit ist, die emotionale Intelligenz benötigt, ist es durch eine Software nur möglich, diesen Prozess zu unterstützen und die erforderlichen Rahmenbedingungen zu schaffen. Vom USU KnowledgeMiner werden hierzu vor allem die grafischen Darstellungen der vorhandenen Informationen durch den KnowledgeVisualizer und den KnowledgeTree angeboten. Es ist außerdem mit dem Topic Map Builder möglich, eigene Wissensnetze zu erstellen beziehungsweise als Teile in das bestehende Netz zu integrieren.

- Wissens(ver)teilung:

Speziell wird die Wissens(ver)teilung vom USU KnowledgeMiner unterstützt durch ein Rollenkonzept für die Mitarbeiter, das individuell anpassbar ist. Auch die bereits oben vorgestellte Push-Funktion für den individuellen Nachrichtendienst ist diesem Baustein zuzurechnen.

- Wissensnutzung:

Die Wissensnutzung wird von USU KnowledgeMiner unterstützt, indem verschiedene Möglichkeiten der Informationsdarstellung unterstützt werden: der KnowledgeTree zur klaren Strukturierung, der KnowledgeVisualizer zur grafischen Darstellung und der KnowledgeLocator, um eine aktuelle Ergebnisliste anzuzeigen. So kann jeder Mitarbeiter die Möglichkeit wählen, über die er am besten Wissen nutzen kann.

Eine weitere Besonderheit ist hier, dass sich die Interaktionen der Anwender mit dem System protokollieren und auswerten lassen. Damit kann konkret festgestellt werden, wie die Nutzer am besten und am schnellsten suchen und welche Probleme sich beim Zugriff auf Informationen ergeben haben. Lücken werden so offenbar und können behoben werden.

- Wissensbewahrung:

Eine individuelle Suchanfrage wird vom USU KnowledgeMiner bereits dazu genutzt, neues Wissen, nämlich über den Zusammenhang der zusammengefügten Suchbegriffe, zu generieren. Dieses Wissen wird mit Hilfe des Optimizer-Moduls gesichert und allen Nutzern zugänglich gemacht.

Die Speicherung und Archivierung von Informationen erfolgt beim USU KnowledgeMiner durch Zusammenarbeit mit Partnern, die sich auf Dokumenten- oder Content-Management-Systeme spezialisiert haben.

- Wissensbewertung:

Mit dem Modul Commentator können die Anwender Bewertungen zu den vorhandenen Informationen abgeben. Auch damit können Wissenslücken entdeckt werden, bei schlechten Bewertungen für eine gesamte Kategorie muss nachgebessert werden.

6 Fazit

Zusammenfassen kann man die Anforderungen an Wissensmanagement anhand der Teilbereiche: Wissensmanagement muss Wissen identifizieren, sowohl intern als auch extern, bei der

Entdeckung von Wissenslücken entweder Wissen erwerben oder Wissen entwickeln, dann die Verteilung und anschließende Nutzung des Wissens sicherstellen und abschließend das vorhandene Wissen bewahren. Unter Einbeziehung der Unternehmensführung sollten außerdem Wissensziele, die im Einklang mit der Unternehmensstrategie stehen, definiert werden und deren Einhaltung mit Hilfe der Bewertung von Wissen geprüft werden.

Zu den Anforderungen an die zugehörigen Systeme ist zu sagen, dass es keine Software gibt, die zur vollständigen Lösung aller Anforderungen, die sich oft individuell unterscheiden, führt. Ein Wissensmanagement-System sollte Dokumenten-Management mit Zugriffskontrollen, Metadaten und Hyperlinks, eine Mitarbeiterverwaltung mit Expertensuche, Suchmaschinen mit den bereits erläuterten Funktionen, ein integriertes eLearning-System sowie die Einbeziehung von Internet bereitstellen.

Im Wissensmanagement sind die Trends zu erkennen, dass die Menge an Informationen und Wissen sich explosionsartig vermehrt und Informationen immer globaler werden. Wissen wird als Wettbewerbsfaktor immer wichtiger (vgl. [UZ01]). Die Komplexität der Wissensgesellschaft nimmt also zu, die Bedeutung von Wissensmanagement ebenfalls.

Umfragen haben in den letzten Jahren ergeben, dass Wissensmanagement in der Praxis oft noch nicht hinreichend eingesetzt wird. In 1998 antworteten auf die Frage "Welche Bedeutung hat Wissensmanagement für Sie?" noch 42% der Befragten mit "Wissensmanagement ist irgendetwas, was wir tun." und nur 27% sagten aus, dass Wissensmanagement ihrem Unternehmen hilft, die Ressource Information besser zu organisieren. Ein Jahr zuvor hielten weniger als ein Viertel aller Befragten die Wissensnutzung und die Wissens(ver)teilung in ihrem Unternehmen für gut oder sehr gut. (nach [UZ01])

Das Hauptproblem ist nicht die Implementierung kostenintensiver Software (der Kölner IT-Dienstleister Experteam AG bezahlte für seine Wissensmanagement-Lösung rund 200.000 €), sondern die Mobilisierung der Mitarbeiter, damit zu arbeiten (vgl. [pa02]). Wenn Mitarbeiter ihr Wissen den Kollegen nicht zur Verfügung stellen oder das Wissen von anderen nicht nutzen, kann Wissensmanagement nicht funktionieren, lassen sich die Mitarbeiter jedoch auf Wissensmanagement ein und ist ein angemessenes System vorhanden, so steht dem Erfolg nichts im Wege.

Abbildungsverzeichnis

Literatur

[Ep+02]   Eppich, H.-C. / Gerick, T. et. al.: Wettbewerbsvorteile durch Knowledge Management
           am Beispiel der FIDUCIA AG. erschienen in: Franken, R. / Gadatsch, A. (Hrsg.): In-
           tegriertes Knowledge Management. Braunschweig / Wiesbaden, Vieweg Verlag, April
           2002

[Pr+99]   Probst, G. / Raub, S. et. al.: Wissen managen. Wie Unternehmen ihre wertvollste
           Ressource optimal nutzen. 3. Auflage, Frankfurt am Main: Frankfurter Allgemeine
           Zeitung, Zeitung für Deutschland; Wiesbaden: Gabler Verlag, 1999

Webdokumente:

[HS02]   HAUK & SASKO Ingenieurgesellschaft mbH: Betriebliches Informations- und
           Wissensmanagement – Anforderungen und Praxisbeispiele, 2002
           http://www.hasas.de/pdfs/wissensmanagement_Uebersicht1.pdf (11.11.2002)

[IM02]   IM-Group: Einführung in die Prozessgestaltung im Kontext unserer Beratung, 2002
           http://www.im-group.ch/im/beratung.html (30.10.2002)

[Mi01]   GeoCities: Grundlagen – Bausteine des Wissensmanagements (Probst et. al.), 2001
           http://www.geocities.com/BourbonStreet/1517/km/basics/mod-probst-d.html
           (14.11.2002)

[pa02]   pallas GmbH: Anwendererfahrungen mit Knowledge-Management, 2002
           http://www.pallas.com/d/news/presse/NetworkWorld-20020125.htm (30.10.2002)

[Tr+99]   Trosch, J. / Bickmann, R.: Wissensmanagement im Telelearning, 1999
           http://www.bickmann.de/knowledge-base/artikel-wissensmanagement-
           telelearning.htm (30.10.2002)

[TUM01]   Technische Universität München: Wissensmanagement, 2001
           http://www11.informatik.tu-munechen.de/lehre/lectures/ws2001-02/cscw/extension/
           html/cscw_course8.8.3.html (11.11.2002)

[USU02]   USU: USU KnowledgeMiner, 2002
           http://www.usu.de/Produkte/KnowledgeManagement/knowledgeminer.html
           (14.11.2002)

[UZ01]   Universität Zürich: Wissensmanagement, 2001
           http://www.ifi.unizh.ch/ikm/Vorlesungen/IM2/SS01/IM2_files/Vorlesung/
           knowledgemgmt_12.pdf (30.10.2002)

[Wi97]   Wilkens, N.: Was ist Wissensmanagement? oder warum wird Wissen in Unterneh-
           men nicht besser genutzt, 1997
           http://home.t-online.de/home/norbert.wilkens/wm.htm (08.11.2002)

11